Angelina Kalden

Das Thema Großstadt im Expressionismus - Untersucht an vier Gedichten

Städter (Alfred Wolfenstein), Der Gott der Stadt (Georg Heym), Die Stadt (Alfred Lichten-stein), Punkt (Alfred Lichtenstein)

GRIN - Verlag für akademische Texte

Der GRIN Verlag mit Sitz in München hat sich seit der Gründung im Jahr 1998 auf die
Veröffentlichung akademischer Texte spezialisiert.

Die Verlagswebseite www.grin.com ist für Studenten, Hochschullehrer und andere Akade-
miker die ideale Plattform, ihre Fachtexte, Studienarbeiten, Abschlussarbeiten oder Disser-
tationen einem breiten Publikum zu präsentieren.

Angelina Kalden

Das Thema Großstadt im Expressionismus - Untersucht an vier Gedichten

Städter (Alfred Wolfenstein), Der Gott der Stadt (Georg Heym), Die Stadt (Alfred Lichtenstein), Punkt (Alfred Lichtenstein)

GRIN Verlag

Bibliografische Information der Deutschen Nationalbibliothek: Die Deutsche Bibliothek verzeichnet diese Publikation in der Deutschen Nationalbibliografie; detaillierte bibliografische Daten sind im Internet über http://dnb.d-nb.de/ abrufbar.

1. Auflage 2008
Copyright © 2008 GRIN Verlag
http://www.grin.com/
Druck und Bindung: Books on Demand GmbH, Norderstedt Germany
ISBN 978-3-640-22303-9

Das Thema Großstadt im Expressionismus

- untersucht an vier Gedichten

Städter (Alfred Wolfenstein)

Der Gott der Stadt (Georg Heym)

Die Stadt (Alfred Lichtenstein)

Punkt (Alfred Lichtenstein)

Inhaltsverzeichnis

1 Einleitung

Die Epoche des Expressionismus ging ungefähr von 1910-1920/25. Der Begriff 'Expressionismus' stammt vom lateinischen Wort *expressio* (Ausdruck) und bedeutet 'Ausdruckskunst'. Die Dichter dieser Zeit lehnten sich gegen die Tradition des 19. Jahrhunderts auf, das schon lange kritisiert wurde, aber bisher nicht in einer solchen Schärfe[1]. Sie kritisierten aktuelle zeitliche Entwicklungen wie die Industrialisierung, die Urbanisierung, die Zivilisation und das wilhelminische Bürgertum. Expressionistische Themen waren die Großstadt, der Weltuntergang, der Krieg und der Ich-Zerfall. Viele Dichter wendeten sich in ihren Texten provozierend gegen bürgerliche Geschmacksnormen und einen künstlerischen Schönheitsbegriff, der bestimmte Bereiche ausschloss[2]. So griffen sie häufig hässliche Motive auf, wie Verfall, Tod, Wahnsinn, Krankheit und Verwesung[3], weshalb man auch von der Ästhetik des Hässlichen spricht. Dabei wurden hässliche mit schönen Elementen verschränkt oder traditionelle lyrische Bereiche wie die idyllische Mondpoesie ironisiert. Georg Heym lässt beispielsweise sein Kriegsmonster in *Der Krieg* den Mond zerdrücken, während Georg Trakls Sonne in *Grodek* dunkel und bedrohlich über den Himmel rollt. Die Dichtersprache wurde auch zerschlagen, weil sie nicht mehr als Ausdrucksmittel der neuen Wirklichkeit taugte[4]. Es handelt sich um Provokation, Spielerei und um ein Aufbegehren gegen die ästhetischen Werte der Bürger.

Im Folgenden soll zunächst das Thema der Großstadt allgemein genauer beleuchtet werden, wobei unterschiedliche Darstellungsformen des Motivs eine Rolle spielen. Anschließend wird das Thema anhand der Gedichte *Städter* von Alfred Wolfenstein, *Der Gott der Stadt von* Georg Heym und Alfred Lichtensteins Texten *Die Stadt* und *Punkt* genauer untersucht und herausgearbeitet, wie die drei Autoren mit dem Motivkreis umgingen.

---

[1] Vgl. Martini: 1948: 21.
[2] Vgl. ebd: 68.
[3] Vgl. ebd: 72.
[4] Vgl. Schneider, 1967: 41-42.

2 Das Thema der Großstadt

In der Zeit des Expressionismus entstanden in der Gruppe der Großstadtlyrik die meisten Texte. Dieses Thema war damals auch in anderen literarischen Strömungen beliebt. Es gab naturalistische Vorläufer, impressionistische und symbolistische Großstadtgedichte, aber das Motiv erlebte erst unter den Expressionisten eine Blütezeit[5].

Die in der Zeit zunehmende Bedeutung der Großstadtthematik ist bedingt durch das Wachsen und die Ausbreitung der Städte, was mit einer Landflucht einherging. Seit der Reichsgründung 1871 durchliefen deutsche Städte eine später einsetzende und dafür schneller verlaufende Industrialisierung und Urbanisierung, in der Berlin Ende des 19. Jahrhunderts zu der am schnellsten wachsenden Stadt Europas avancierte[6]. Teils wurden sehr schnell neue Stadtviertel für die Zuwanderer vom Land gebaut, in denen die Arbeiter auf engem Raum und unter erbärmlichen Umständen lebten. Zu dieser neuen, ungewohnten Konzentration von Menschenmassen kamen technische Entwicklungen wie die Eisenbahn, das Automobil und die Straßenbahn, die das Lebenstempo der Menschen beschleunigten. Ferner wurden die Städter nun mit Verkehrslärm, Abgasen und neuen irritierenden Sinneseindrücken wie elektrischer Beleuchtung oder Neonreklamen konfrontiert.

Den Menschen blieb kaum Zeit, sich allmählich an die neuen Lebensformen zu gewöhnen. Sie nahmen diese neuen Eindrücke teils zunächst mit großer Skepsis auf. Viele fühlten sich von der Großstadt und den neuen Entwicklungen bedroht. Diese Umwälzungen um die Jahrhundertwende gaben den Menschen teilweise das Gefühl, einem verselbständigten System gegenüberzustehen und einer fremden Macht ausgeliefert zu sein, weshalb es zunächst zu kritischen Tönen in der Literatur kam. Manche versuchten sich durch die künstlerische Produktion vom Druck der Verhältnisse zu befreien[7].

Expressionisten verbanden ihre Stadttexte mit viel Fantasie, Visionen sowie grotesken und extravaganten Elementen[8]. Sie versuchten besonders die Atmosphäre der Großstadt und die Wahrnehmungsfülle zu erfassen. In den Gedichten wurde die Anziehungskraft des neuen Lebensraums und dessen verderbende Wirkung

---

[5] Vgl. Bekes, 2002: 72.
[6] Vgl. Viette, 1976: 30.
[7] Vgl. Bekes, 2002: 10.
[8] Vgl. Große, 2007: 73.

dargestellt, wodurch sich teilweise eine ambivalente Wahrnehmung ergab. Dichter stellten häufig das Bewegungschaos, die Reizempfindlichkeit und Gefühle dar, wie Angst, Faszination und Beklemmung, Einsamkeit, Entfremdung und das Gefühl in der Masse unterzugehen.

In den expressionistischen Gedichten überwog neben einer gewissen Faszination die skeptische Einstellung zur Stadt und Zivilisation und so wurden überwiegend deren Schattenseiten hervorgehoben[9]. Expressionisten waren teilweise der Ansicht, dass die Stadt das Ich durch die vielen Eindrücke, die Hektik, Unübersichtlichkeit, Anonymität, Kälte und Gleichgültigkeit zerstört[10]. Sie tritt dem ich als etwas Fremdes entgegen und „entfremdet das Ich sich selbst, seiner Umwelt und seinem Nächsten und zerstört die Gemeinschaft"[11]. Dementsprechend vermitteln viele Texte das Gefühl eines in der Stadt einsam gewordenen Ichs oder eines Ichs, das als Objekt hilflos einer zum Subjekt gewordenen Objektwelt gegenüber steht. Diese Tendenzen lassen sich auch in den vier untersuchten Gedichten beobachten.

---

[9] Vgl. ebd.: 33.
[10] Vgl. Große, 1988: 58.
[11] Große, 2007: 73.

3 Gedichtinterpretationen

3.1 Städter, Alfred Wolfenstein

Dicht wie die Löcher eines Siebes stehn
Fenster beieinander, drängend fassen
Häuser sich so dicht an, dass die Straßen
Grau geschwollen wie Gewürgte sehn.

Ineinander dicht hineingehakt
Sitzen in den Trams die zwei Fassaden
Leute, ihre nahen Blicke baden
Ineinander, ohne Scheu befragt.

Unsre Wände sind so dünn wie Haut,
Dass ein jeder teilnimmt, wenn ich weine.
Unser Flüstern, Denken ... wird Gegröle ...

- Und wie still in dick verschlossner Höhle
Ganz unangerührt und ungeschaut
Steht ein jeder fern und fühlt: alleine.

Interpretation:

Städter ist von Alfred Wolfenstein, stammt aus dem Jahr 1914 und thematisiert die Großstadt. Das Gedicht ist in der traditionellen lyrischen Form des Sonetts verfasst, das häufiger im Expressionismus verwendet wurde. Die beiden Quartette heben sich nicht nur optisch von den Terzetten ab, auch inhaltlich lässt sich eine Zäsur[12] ausmachen. Die ersten beiden Strophen beschreiben die geballte Situation in der Stadt und deren Einwohner, während das lyrische Ich in den Zeilen 9 bis 14 auf sein Leid durch die Stadt zu sprechen kommt. Dabei bilden die ersten beiden Strophen umarmende Reime. Die Zeilen der dritten Strophe reimen sich jeweils auf eine der vierten Strophe. Die Reimabfolge ist also in den Quartetten gewöhnlich und in den Terzetten ungewöhnlich. Der umarmende Reim verstärkt den Eindruck der Enge in der Stadt und die unübersichtlichen Reime der Terzette stehen für die widersprüchlichen Gefühle, die das lyrische Ich in diesem Raum erlebt. Die formalen Merkmale passen also gut zum Inhalt. Der Inhalt wird noch durch eine Fülle weiterer künstlerischer Mittel unterstützt. Typisch expressionistisch sind die Personifikationen

---

[12] Trennung, Einschnitt.

von Objekten (Fenster, Häuser, Straßen), während Menschen verdinglicht werden (Menschen = Fassaden). Am Anfang finden sich viele Enjambements, besonders in der ersten Strophe, die den Lesefluss beschleunigen. Sehr ausdrucksstark und gut vorstellbar sind die teils extremen Vergleiche ("wie die Löcher eines Siebes" (1,1), „wie Gewürgte" (1,4), „wie Haut" (3,1), „wie in dick verschlossner Höhle" (4,1)), die Metaphern (Häuser "fassen sich ... an" (1, 2-3), die Blicke baden ineinander (2, 3-4)) und die damit häufig verbundenen Personifizierungen. Auch die Alliteration „Grau geschwollen wie Gewürgte" (1,4) unterstreicht anschaulich die inhaltliche Aussage. Zum Ende des Textes verwendet Wolfenstein weniger Enjambements, wodurch sich der Lesefluss verlangsamt und ins Stocken gerät, was durch Verzögerungen in Form von mehreren Punkten (3,3) und einen Gedankenstrich (4,1) gestützt wird. Dies passt zum resignierenden Ton am Ende und könnte dafür sprechen, dass die Äußerungen dem Sprecher schwer fallen.

Der Inhalt und die formalen Mittel ergänzen sind also im ganzen Text sehr stimmig. Es besteht eine Diskrepanz zwischen den traditionellen lyrischen Mitteln und den neuen Motiven einer Großstadtlyrik, was in mehreren expressionistischen Texten der Fall ist, wie auch in *Der Gott der Stadt.*

In der ersten Versgruppe überwiegt wie bereits erwähnt der Eindruck der Enge in der Stadt, was durch ausdruckstarke Bilder, den umarmenden Reim und die Enjambements unterstützt wird. Die Fenster stehen "[d]icht wie die Löcher eines Siebes" (1,1), was die gedrängte Situation bildlich beschreibt. Der Vergleich erweckt den Eindruck, als ob die eng stehenden Häuser keinen Raum mehr für Parks oder Grünflächen zulassen würden. Fenster und Häuser verbindet man hier nicht mit einem Heim, sondern sie werden belebt, stehen scheinbar eigenständig und fassen sich an, was einen bedrohlichen Eindruck schafft, weil der Autor den Objekten eine gewisse Eigendynamik zuspricht. Um diese Wirkung zu verstärken, verwendet Wolfenstein eine Alliteration („Grau geschwollen wie Gewürgte" (1,4)), die das Beengende der Häuser auf geradezu beängstigende Weise deutlich hervorhebt, indem es so scheint, als würden die Straßen von den Häusern gewürgt werden. Die Enge der Stadt wird also äußerst ausdrucksstark mit einem gewaltsamen Übergriff verglichen. Die Gebäude stehen derart gedrängt, dass sie sogar eine Bedrohung für die Straßen - und damit auch für die Menschen - darstellen. Alle wichtigen Erscheinungen der Stadt (Fenster, Häuser, Straßen) werden personifiziert, was einen

grotesken, unheimlichen und beengenden Eindruck des neuen Lebensraums Stadt schafft, der dadurch kritisiert wird.

Nachdem der Sprecher die Erscheinungsformen der Stadt beschrieben hat, kommt er erst in der zweiten Strophe auf deren Einwohner zu sprechen, als ob sie unbedeutender als ihr Lebensraum wären. Durch die Erwähnung der Menschen wird zum erstem Mal ein Bezug zum Titel *Städter* hergestellt. Er beschreibt kritisch die enge Atmosphäre in den Trams, was ebenfalls durch den umarmenden Reim formal unterstützt wird. Auffallend ist, dass sowohl die erste als auch die vierte Zeile mit dem Wort "ineinander" beginnen, wodurch der Eindruck des Platzmangels verstärkt wird: Die Städter sitzen nicht nebeneinander, sondern ineinander und auch ihre Blicke „baden [i]ineinander" (2,3-4). Auch die Wendung „dicht hineingehakt" (2,1) verstärkt hyperbolisch die Enge in diesem Verkehrsmittel. Die einander gegenüber sitzenden Reihen von Menschen werden mit „zwei Fassaden" (2,2) verglichen und dadurch depersonifiziert, während die Erscheinungsformen der Stadt personifiziert werden, was einen paradoxen und grotesken Eindruck schafft sowie einen Kontrast zwischen dem ersten und dem zweiten Quartett. Der Vergleich mit den Häuserfassaden zeigt, dass die Menschen sich bereits entfremdet haben und schon wie die Stadt geworden sind. Sie wirken kalt, leblos und vor allem oberflächlich. Die Fahrgäste sind nur äußerlich anwesend und sitzen gedrängt, aber sie zeigen keine Gefühle oder Wärme. Paradoxerweise führt diese Nähe in den Trams nicht zu einem sozialen Austausch, sondern es baden lediglich die „nahen Blicke" (2,3) ineinander. Wolfenstein verdeutlicht eine Atmosphäre, die man noch heute in Verkehrsmitteln vorfinden kann, in denen sich fremde Menschen gegenseitig mustern. Im Text scheint dadurch die Privatsphäre der Menschen zu leiden, sie haben zu wenig Platz und werden dementsprechend von den Blicken der anderen „ohne Scheu befragt" (2,4). Dieser Satz verdeutlicht aber auch, dass als Folge der emotionalen Kälte nur noch eine eingeschränkte Kommunikation stattfindet, obwohl sich die Städter nach mehr Nähe zu sehnen scheinen, da ihre „nahen Blicke" (2,3-4) sonst nicht ineinander baden würden.

Erst die beiden Terzette bringen das lyrische Ich ins Spiel, die Perspektive wechselt zum „wir" (3,1) und „ich" (3,2), wodurch eine deutliche Zäsur zu bemerken ist. Es geht nun um die Gefühle der Menschen, die sich in einer solchen Stadt ergeben. Der Schauplatz ist der private Wohnbereich, wo die Städter auch nicht für sich sein können: Aufgrund der Wände, die "so dünn wie Haut" (3,1) sind, nimmt "ein jeder"

(3,2) selbst an den intimsten Lebensäußerungen des Sprechers teil, wodurch das "Flüstern", hyperbolisch betrachtet sogar das „Denken" (3,3), für den Nachbarn zum unangenehmen „Gegröle" (3,3) wird. Auch in der Wohnung, die eigentlich einen Rückzugsort darstellen sollte, hat der Städter keine Privatsphäre, sondern sein Innerstes wird vor den Nachbarn bloßgelegt.

Die letzte Strophe wird mit einem Gedankenstrich eingeleitet und steht im Gegensatz zu dem Vorangegangenen. Obwohl die Menschen dicht beieinander wohnen und alles mithören, bleiben das Beobachten in der Tram und das lästige Zuhören im Wohnhaus die einzigen Kontaktmöglichkeiten an diesem Ort: „Ganz unangerührt und ungeschaut steht doch jeder fern und fühlt: alleine" (4.2-3). Wolfenstein betont die Einsamkeit und Entfremdung der Städter, was er zusätzlich hervorhebt, indem er am Ende einen Doppelpunkt verwendet und dadurch das Wort `alleine´, das schon durch die Stellung am Satzende auffällt, zusätzlich abhebt. Dadurch könnte das Wort dem Leser im Kopf nachhallen. Der Autor verzichtet am Ende auf Enjambements, wodurch der Lesefluss in der paradoxen, traurigen Feststellung stoppt, was durch die scheinbare Unstrukturiertheit der Reimpaare in den Terzetten unterstützt wird. Die letzte Strophe kehrt das Bild des ersten Quartettes um: Das Gedicht beginnt mit dem Wort „Dicht" (1,1) und endet mit dem Wort „alleine" (4,3), wodurch sich inhaltlich und formal ein paradoxer Eindruck zwischen der Enge und der Einsamkeit ergibt.

Die Städter sind hier kalt, aber auch sehnsüchtig und einsam. Der Eindruck der Kälte ergibt sich durch den Vergleich mit den Fassaden. Sie scheinen auf den ersten Blick teilnahmslos in den Trams neben Menschen zu sitzen, die man nie wieder sieht. Man hat den Eindruck, dass der Großstadtmensch in der Masse schlichtweg untergeht und dadurch nur noch an sich denkt und nicht mehr an seinen Nächsten, der doch so nah hinter der hautdünnen Wand lebt. In den ineinander badenden Blicken könnte man auch eine gewisse Sensationslust erkennen, weil sie einander beobachten und belauschen. Diese Sensationslust findet sich auch in Alfred Lichtensteins Gedicht *Die Stadt*, in dem sich die anderen Stadtbewohner über einen Wahnsinnigen lustig machen anstatt Mitleid zu verspüren. Andererseits kann man in den Blicken der Städter aber auch eine gewisse Sehnsucht nach mehr Nähe lesen, zu der sie scheinbar nicht fähig sind: Sie leben mit einer eingeschränkten Kommunikation, verkriechen sich in ihre „dick verschlossen[en] Höhle[n]" (4,1) und leiden unter ihrer Einsamkeit. Diese Darstellung könnte dafür sprechen, dass sich die Menschen in der Stadt bereits so sehr sich selbst entfremdet haben, dass sie nicht mehr fähig sind,

soziale Kontakte richtig zu pflegen. In diesem Raum kommt es scheinbar zu einem widersprüchlichen Verhalten: Die Menschen sind einerseits kalt und oberflächlich, aber leiden auch unter der Einsamkeit.

Insgesamt zeigt das Gedicht den Gegensatz von räumlicher Enge und innerer Ferne zwischen den Menschen, was sich beides belastend auswirkt. Wolfenstein kritisiert das Großstadtleben, die Anonymität, die Einsamkeit und Enge, den Verlust der Privatsphäre, die Kommunikationsfeindlichkeit, den Untergang des Individuums in der Masse und die städtische Entfremdung [13]. Hier geht es weniger um die Entfremdung der Menschen zur Umwelt wie in *Der Gott der Stadt* von Georg Heym, sondern um die Entfremdung der Städter untereinander: Er verdeutlicht die paradoxe Situation, dass sich Menschen in der Großstadt zwar hautnah begegnen, aber dennoch einsam sind, wodurch Wolfenstein nach Große die äußerste Einsamkeit darstellt [14]. Der Stadt wird eine zerstörerische Wirkung auf die Menschen zugesprochen, deren Kontaktunfähigkeit scheinbar auf das Leben in diesem Raum zurückzuführen ist. Es herrscht der Eindruck vor, dass der Mensch das Opfer seines eigenen Produkts geworden ist, was auch in Heyms Gedicht zu finden ist. Am Ende herrscht Hoffnungslosigkeit vor, wie auch in *Der Gott der Stadt* und in *Die Stadt* von Alfred Lichtenstein.

---

[13] Vgl. Große, 1988: 62.
[14] Vgl. ebd.: 62.

3.2 Der Gott der Stadt, Georg Heym

Auf einem Häuserblocke sitzt er breit.
Die Winde lagern schwarz um seine Stirn.
Er schaut voll Wut, wo fern in Einsamkeit
die letzten Häuser in das Land verirr'n.

Vom Abend glänzt der rote Bauch dem Baal,
die großen Städte knieen um ihn her.
Der Kirchenglocken ungeheure Zahl
wogt auf zu ihm aus schwarzer Türme Meer.

Wie Korybanten-Tanz[15] dröhnt die Musik
der Millionen durch die Straßen laut.
Der Schlote Rauch, die Wolken der Fabrik
ziehn auf zu ihm, wie Duft von Weihrauch blaut.

Das Wetter schwelt in seinen Augenbrauen.
Der dunkle Abend wird in Nacht betäubt.
Die Stürme flattern, die wie Geier schauen
von seinem Haupthaar, das im Zorne sträubt.

Er streckt ins Dunkle seine Fleischerfaust.
Er schüttelt sie. Ein Meer von Feuer jagt
durch eine Straße. Und der Glutqualm braust
und frißt sie auf, bis spät der Morgen tagt.

Interpretation

Das Gedicht ist eines der bekanntesten Georg Heyms, das er kurz vor seinem Tod schrieb. Der Autor ertrank 1912 in der Havel als er seinen besten Freund retten wollte, der eingebrochen war.

Vorab müssen für das Verständnis des Gedichts einige Begriffe geklärt werden. Der Begriff Baal ist hebräisch, bedeutet „Herr" und bezeichnete nach Meurer den Gott der westsemitischen Völker. Jede phönikische Stadt hatte ihren Stadt-Baal. Um diesen gnädig zu stimmen, wurden im Gottesstandbild lebendige Kinder geopfert[16]. Die Opfergaben vollzogen sich in Orgien mit greller Musik und bestimmten Riten, wobei sich die Priester teils die Wangen aufschlitzten und die Kinder in den Schlund des Baals beförderten[17]. Heym setzt in diesem Gedicht die Korybanten-Priester der phrygischen Göttin Kybele mit den Baal-Priestern gleich. Kybele wurde als

---

[15] Wild, rituell und ekstatisch tanzende Priester der Göttin Kybele.
[16] Vgl. Meurer, 1988: 53.
[17] Vgl. ebd.: 53.

Begründerin der Städte mit lärmender Musik gefeiert. Sie ist daher oft mit einer Mauerkrone und einer Handpauke im Arm abgebildet. Die Korybanten gingen in ihrer Selbstzerstörung weiter als andere und sollen sich bei derartigen Zeremonien nach Meurer selbst entmannt haben[18].

Der Gott der Stadt wirkt im Vergleich zu Heyms anderen Texten fast klassisch: Die Perspektive, die Figur und das Geschehen sind einheitlich. Man kann eine Steigerung beobachten, die an die Form eines klassischen Dramas in fünf Akten erinnert: Zunächst präsentiert Heym die Ruhe vor dem Sturm und zeigt mit dem gigantischen Baal eine Bedrohung auf. Anschließend stellt er das Tagesgeschehen in einer Stadt als Opferritual dar, das scheinbar nicht angenommen wird, weil der Baal die Stadt am Ende vernichtet.

Heyms Text gliedert sich im Gegensatz zu anderen expressionistischen Gedichten durchgehend in fünf vierzeilige Strophen, wobei er den Kreuzreim beibehält. Der Kontrast zwischen der strengen Form und dem bewegten Inhalt, der sich bis zur Katastrophe steigert, ist typisch expressionistisch. Heym verwendet den fünfhebigen Jambus mit männlichen Kadenzen, außer in der fünften Strophe (5,1und 5,3). Typisch expressionistisch stilistische Merkmale sind Metaphern (Stadt = Meer (2,4)), Personifizierungen („Winde lagern" (1,2), Häuser irren (1,4), „Die großen Städte knien" (2,2), „Stürme flattern" (4,3)), Allegorien (ein Dämon steht für das Wesen oder die Vernichtungskräfte einer Stadt), Vergleiche („wie Dunst von Weihrauch" (3,4), „wie Geier" (4,3), „wie Korybanten-Tanz" (3,1)) und Enjambements (2.3/4). Auch die Verwendung der Farben Rot und Schwarz ist typisch für diese literarische Strömung. Es wurden auch oft ungewöhnliche Wortkombinationen oder Verfremdungen verwendet („Die Winde lagern schwarz um seine Stirn" (1,2), „Die Stürme flattern" (4,3), „wie Dunst von Weihrauch blaut" (3,4)).

In der ersten Strophe wird der Baal präsentiert, wobei Heym ihn lediglich durch das Personalpronomen `er´ benennt, was einen bedrohlichen Eindruck schafft. Der Leser kann in dieser Strophe lediglich vermuten, dass es sich hierbei um ein großes Monster handelt. Heym betont die Breite des Wesens durch die Verwendung des Adjektiv `breit´, dass er unüblich als Adverb gebraucht und ans Satzende stellt. Man nimmt zunächst nur den unbenannten Baal in seiner Größe wahr, während die Menschen, die eigentlichen Inhaber der Stadt, verschwinden. Der Dämon befindet sich in Ruhestellung, aber es wird bereits seine Wut genannt. Heym ordnet ihm

---

[18] Vgl. ebd.: 54.

Naturerscheinungen zu, um seine Macht zu unterstreichen: „Die Winde lagern schwarz um seine Stirn" (1,2). Die bedrohliche Wirkung wird verstärkt, indem Heym eine Naturerscheinung belebt und sie ungewöhnlich im Plural auftreten lässt. Das Bedrohliche wird weiterhin verschärft durch das Wort ˋlagern´, das eine Konnotation zum Heer zulässt, das vorm Angriff wartet. Die Winde werden also zu aggressiven Mächten, die vermutlich nichts Gutes bringen werden. Auch die Farbe Schwarz kann den Eindruck einer beklemmenden Situation stützen. Heym schafft also mit diesen zwei Sätzen eine enorme bedrohliche Wirkung. Das Eingangsbild ist statisch. Man kann von einer spannungsgeladenen Ruhe vor dem Sturm sprechen. Diese Strophe steht in ihrer Statik in krassem Kontrast zu den letzten beiden Strophen.

In den letzten beiden Zeilen starrt der Baal voll Wut zu den letzten Häusern, die sich ins Land verirren. Schneider gibt an, dass Heym für die Ausdehnung der Großstadt und die unheimliche Ballung in der Stadt Bildvorstellungen von faszinierender Dramatik geprägt hat: Man könnte von einer Umprägung der Bilder sprechen, denn gerade die Veranschaulichung des gigantischen Wachstums der Industriestädte gehört zum ältesten Bestand der Großstadtmetaphorik, auch im Naturalismus[19]. Heym nutzt das abgenutzte Bildtopos von der Unendlichkeit der Großstadt sehr phantasievoll: Er lässt die letzten Häuser in das Land verirren, wodurch die starke Ausdehnung der Stadt von den Häusern in Gang gehalten wird. Statt dem optischen Befund der unendlichen Erstreckung einer Stadt liefert er eine Verbildlichung der Ausdehnungsbewegung, was typisch expressionistisch ist[20]. Das ganze Gedicht ist durch eine extreme Bildlichkeit geprägt.

Man könnte die letzten beiden Zeilen auch als Ärger des Baals über das Landleben lesen, weil es sich seinem Herrschaftsanspruch entzieht. Demnach hätte man an dieser Stelle einen Kontrast zwischen Stadt und Land: Während die Natur noch durch Ursprünglichkeit und Natürlichkeit gekennzeichnet ist, wo der Mensch noch in Einklang mit sich selbst lebt, herrscht in der Natur zerstörenden und materialistischen Großstadt der Baal.

Der implizite lyrische Sprecher betrachtet in erster Linie den Baal. Es besteht eine Distanz zu den Menschen, die er nicht wahrnimmt, obwohl er zu ihnen gehören sollte. Er scheint seinen fiktiven Standort weit außerhalb und oberhalb der Menschen zu haben.[21] Alle wahrgenommenen Objekte sind dem Baal zugeordnet und scheinen

---

[19] Vg. Schneider, 1967: 116.
[20] Vgl. ebd.: 119.
[21] Vgl. Meurer, 1998: 53-55.

nur durch diese Beziehung existent zu sein, wie beispielsweise die Wetter- und Lichterscheinungen: „Die Winde lagern schwarz um seine Stirn" (1,2), „Vom Abend glänzt der rote Bauch dem Baal" (2,1).

Das Bild des Riesen kommt oft in der expressinistischen Großstadtlyrik vor, wobei sonst eher die Stadt selbst mit Riesen verglichen wird. Heym stellt das Dämonische als selbständig dar, wie auch in *Die Dämonen der Stadt* und in *Der Krieg*. In der Dichtung finden sich keine konkreten Parallelen bezüglich eines Stadtgottes. Einfluss könnte nach Schneider die Malerei ausgeübt haben. Der Zeichner Heinrich Kley soll Heym zu einem Stadtgott inspiriert haben: Kley hat viele teufelsähnliche Figuren oder Dämonen gezeichnet, die in der Stadt wüten[22].

In der zweiten Strophe wird der Baal benannt, dem sein roter Bauch glänzt, was dafür zu sprechen scheint, dass er Opfer erwartet[23]. Er äußert sein Anliegen nicht, sondern fordert es in seiner bedrohlichen überdimensionalen Größe. Im Gegensatz zu den Menschen, seiner Kultgemeinde, wird der Baal nicht akustisch beschrieben, was einen Kontrast schafft, da die Kultgemeinde fast ausschließlich über Geräusche (Kirchenglocken, Verkehrslärm) dargestellt wird. In dieser Strophe kommt die Farbgebung Rot-Schwarz auf, die konsequent durchgehalten wird. Beide Farben sollen einen bedrohlichen und gespannten Eindruck schaffen. Die Farbe Schwarz ist dem Hintergrund und der Umgebung zugeordnet, womit das dynamische Rot kontrastiert, wobei Heym die Farbe Rot teils durch indirekte Farbvorstellungen („Meer von Feuer" (5,2), „Glutqualm" (5,3)) darstellt. Farben spielen im Expressionismus und gerade bei Heym eine wichtige Rolle. Sie erhielten einen eigenständigen Ausdruckswert. Die Autoren verwendeten sie teilweise abstrakt und drückten mit ihnen Gefühle aus[24]. Es wurden meist grelle, expressive Farben verwendet, die beim Leser bestimmte Assoziationen auslösen sollten. Typisch expressive Farben, die man auch häufig bei Heym vorfindet, sind Rot, Schwarz und Gelb.

Die Städte werden belebt und knien um den Baal. Der Plural verdeutlicht, dass es sich hierbei nicht um eine einzige Stadt handelt, sondern alle Städte betroffen sind. Dadurch verdeutlicht Heym erneut die Expansionsgewalt der Städte, aber auch, dass sie wesensverwandt sind. Die ungeheure Zahl der Kirchenglocken betont wieder die enorme Ausdehnung der Städte. Im Bereich der Großstadt wird häufig die Metapher

---

[22] Vgl. Schneider, 1998: 130.
[23] Vgl. Meurer, 1998: 58.
[24] Vgl. Schneider, 1967: 24-25.

14

des Meeres aufgegriffen, um deren Ausdehnung zu beschreiben[25]. So spricht auch Heym vom „schwarze[n] Türme Meer" (2,4). Das Zusammenwachsen der Türme zur kompakten Masse verbildlicht auch die Ausdehnung und die Lebenskonzentration in der Großstadt. Das Meer der Türme findet sich auch in anderen Gedichten Heyms. Nach Rölleke beherrscht Heym immer die Vorstellung `Meer´, wenn er von Städten spricht[26]. Heym betont neben der Größe und dem Lärm der Stadt die Spuren der Industrialisierung in den Fabrikabgasen. In der Großstadtlyrik wird häufig der Lärm der Großstadt aufgezeigt, den Heym recht originell als kultischen Tanz und als Musik von den Ritualtänzen der Korybanten darstellt, wodurch er das Motiv des Großstadtlärms übernimmt und es nach Schneider neu prägt[27].

Die zweite und dritte Strophe stellen eine Kultzeremonie dar, in der das gesamte Erscheinungsbild der Stadt zu einer Götzenanbetung umstilisiert wird[28], wobei Heym die Terminologie der Religion auf Vorgänge des städtischen Lebens überträgt: Die Städte knien, die Kirchenglocken scheinen zu Ehren eines Götzen zu läuten, Fabrikabgase werden mit Weihrauch verglichen, der opfergabengleich aufsteigt und das Verhalten der Städter mit einem Korybanten-Tanz, wodurch das ganze Leben in der Stadt mit dem Tanz der Priester gleichgesetzt wird. Da selbst die Kirchenglocken für einen heidnischen Gott erklingen, wird das Wesen der Stadt in blasphemischer Weise kritisiert[29]. Der Vergleich der Menschen mit den Korybanten weist darauf hin, dass der Götzendienst in einem willenlosen Rausch vollzogen wird, wodurch ein unheimlicher Fluch auf der Stadt und der Industrie zu liegen scheint und die Städter vor allem durch ihre zwanghafte Verehrung der Stadt gekennzeichnet sind. Daraus kann man schließen, dass in der Stadt der Glaube dem Aberglauben gewichen ist, wodurch das Leben in der Stadt und die Städter als verblendet dargestellt werden.

In der Epoche des Expressionismus galten die Menschenmassen als ein Merkmal der Großstadt, in der das einzelne Individuum untergeht, was sich auch in diesem Gedicht finden lässt: Heym spricht nur von der „Musik der Millionen" (3.1) und nicht von einzelnen Individuen. Die Menschen, die die eigentlichen Inhaber der Stadt sind, gehen völlig unter neben dem mächtigen Baal und verhalten sich äußerst uniform. Sie sind in der Stadt verdinglicht, vermasst und beten in der Gestalt des Götzen sich

---

[25] Vgl. Schneider, 1967: 117.
[26] Vgl. Rölleke, 1988: 121.
[27] Vgl. Schneider1967: 123.
[28] Vgl. Schneider, 1967: 125, Große, 1988: 61 und Rölleke, 1988: 127.
[29] Vgl. Große, 1988: 61.

selbst bzw. ihr Werk an, wodurch Heym die Entfremdung der Stadt kritisch beschreibt[30].

Die dritte Strophe könnte man als Mittelachse des Gedichts betrachten, weil hier noch eine Wendung zum Guten möglich erscheint: Der Fabrik-Weihrauch zieht auf zum fordernden Baal. Das abschließende, ungewöhnliche Verb „blaut" (3.4) schafft auch einen positiven Eindruck, da es die düstere Rot-Schwarz-Farbgebung durchbricht und man mit dieser Farbe Weite, Freiheit und Hoffnung assoziiert.

Die vierte Strophe leitet jedoch die Peripetie ein: Der Blick wird wieder auf den Baal gerichtet. Tragende Bildelemente der Eingangssequenz werden in gesteigerter Form wieder aufgegriffen: Die Abenddämmerung wird zur Nacht: „Der dunkle Abend wird in Nacht betäubt" (4,2), wobei das Verb `betäuben´ den Unheil verkündenden Eindruck verstärkt. Die Winde haben sich zu Stürmen verstärkt, die nicht mehr ruhig lagern, sondern flattern und wie „Geier schauen" (4,3). Geier sind Aasfresser, die ungeduldig auf ihre künftige Beute zu lauern scheinen, was ebenfalls die nahende Katastrophe andeutet. Die Wut im Blick des Baals hat sich ebenfalls verstärkt: Nun sträubt sich vor Zorn sein Haupthaar (4,4).

In der fünften Strophe kommt es zum endgültigen Ausbruch der Katastrophe. Der Baal streckt seine „Fleischerfaust" (5,1) aus und scheint damit den Befehl für die Zerstörung der Stadt zu erteilen. Heym ergreift erneut die Meermetapher auf und bezieht sie nun auf das Feuer, das durch die Stadt jagt. Er erzeugt den Eindruck von Dynamik und von einer hektischen Entladung, indem er viele Bewegungsverben verwendet (strecken, schütteln, jagen, brausen, fressen). Diese Verben werden zusätzlich durch ihre Position am Satzende und die Enjambements (5,2 und 5,3) betont, was auch die gesteigerte Dramatik zum Ausbruch bringt. Der viermalige Explosivlaut am Wortende der Reime wirkt besonders hart und passt zum Ausbruch des Baals. Das heidnische Fest wandelt sich in ein Strafgericht[31] und der Baal zerstört die Stadt.

Es gibt mehrere Vermutungen über die Bedeutung des Baals. Manche sind nach Schneider der Meinung, dass er das Wesen der Stadt und der Industrialisierung darstelle und ein Dämon sei, weil Städte Heym maßlos und dämonisch erschienen[32]. Meurer weist darauf hin, dass Heym die moderne Zivilisation als „irrationalen,

---

[30] Vgl. ebd.: 61 - 62.
[31] Vgl. ebd.: 61.
[32] Vgl. Schneider, 1967: 131-132.

selbstzerstörerischen Dämonenkult erlebte, als latente Apokalypse"[33], was die Kultszenerie seines Gedichts treffend zum Ausdruck bringt. Rothe sieht in dem Baal eine Allegorie[34] der Vernichtungskräfte, die in Städten vorhanden sind[35]. Für Große erscheint der Gott der Stadt als eine Naturgewalt, die zerstört, was der Mensch als moderne Zivilisation geschaffen hat. Die Natur wird demnach personifiziert in der Gestalt eines Gottes, die dem Menschen überlegen bleibt und sich rächt, weil sich dieser seiner eigenen Natur durch die Stadt entfremdet hat[36]. All diese Vermutungen können Richtiges enthalten. In dem Gedicht findet sich in jedem Fall eine Kritik an der Urbanisierung und der industriellen Massengesellschaft, die als verblendet entlarvt wird. Heym greift expressionistische Themen auf wie die Hoffnungslosigkeit, Menschenmassen, den Zerfall, den Identitätsverlust und den Wandel des Menschen zum Objekt.

---

[33] Meurer, 1988: 54.
[34] Ein Allegorie ist eine Verbildung eines abstrakten Begriffs.
[35] Vgl. Rothe, 1977: 14.
[36] Vgl Große, 1988: 61.

17

3.3 Die Stadt, Alfred Lichtenstein

Ein weißer Vogel ist der große Himmel.
Hart unter ihn geduckt stiert eine Stadt.
Die Häuser sind halbtote alte Leute.

Griesgrämig glotzt ein dünner Droschkenschimmel.
Und Winde, magre Hunde, rennen matt.
An scharfen Ecken quietschen ihre Häute.

In einer Straße stöhnt ein Irrer: Du, ach, du -
Wenn ich dich endlich, o Geliebte, fände ...
Ein Haufen um ihn staunt und grinst voll Spott.

Drei kleine Menschen spielen Blindekuh -
Auf alles legt die grauen Puderhände
Der Nachmittag, ein sanft verweinter Gott.

Interpretation

Das Gedicht *Die Stadt* ist von Alfred Lichtenstein und stammt aus dem Jahr 1913. Es ist in einem fünfhebigen Jambus geschrieben und besteht aus vier Strophen, in denen ein dreifach verschränktes, kompliziertes Reimschema der Form ABC ABC verwendet wurde, was ungewöhnlich ist. Im Reihungsstil werden unterschiedliche Impressionen festgehalten. Lichtenstein verwendet mehrere Metaphern und personifiziert Objekte oder Elemente (Himmel, Stadt), während er die Menschen depersonifiziert, indem er sie mit dem Geräusch „quietschen" (2,3) in Verbindung bringt und sie als „Haufen" bezeichnet (3,3).

In der ersten Strophe findet sich ein Kontrast zwischen dem Himmel, der für die Natur steht und der Stadt. Der Sprecher vergleicht den Himmel metaphorisch mit einem weißen Vogel, unter dem „hart geduckt" (1,2) eine Stadt liegt. Der Himmel wird positiv beschrieben: Das Adjektiv `groß´ lässt Assoziationen an Weite und Freiheit zu, während ein weißer Vogel allgemein mit Frieden und Reinheit in Verbindung gebracht wird. Man kann diese Metapher auch christlich deuten. Die weiße Taube steht im Christentum als Symbol für den Heiligen Geist. Religiöse Anklänge könnten den Eindruck von Trost oder Hoffnung zulassen.

Das positive Eingangsbild wird in der zweiten Zeile verworfen, in der eine Stadt „hart (...) geduckt stiert" (2,2). Die Wörter `hart´, `geduckt´ und `starren´ vermitteln den Eindruck von der Enge und Kälte in der Stadt, was mit dem Bild des freien Himmels kontrastiert. Die Stadt wird personifiziert und verhält sich wie ein Mensch, indem sie

sich duckt und ängstlich um sich guckt, wodurch das Verhalten der Stadt auf deren Einwohner übertragen werden könnte. Sollte der weiße Vogel als Heiliger Geist gesehen werden, wird er von den Stadtbewohnern nicht als tröstend empfunden. Das paradoxe Verhalten der Menschen spricht für ihre Verblendung: Sie scheinen die Weite und Freiheit der Natur oder die Religion in der Stadt bzw. durch die Stadt zu verkennen nicht mehr richtig wahrzunehmen.

Die Häuser werden als „halbtote alte Leute" (1,3) beschrieben, wodurch sich ein Gegensatz zwischen dem reinen, lebendigen Himmel und der schwachen, halbtoten Stadt ergibt. Wie in Alfred Wolfensteins *Städter* sind die Häuser, die eigentlich ein Heim darstellen, negativ besetzt. Hier verbindet Lichtenstein das Stadtmotiv mit dem Verfallsmotiv. Man hat den Eindruck, dass der Zustand der Häuser wie das Verhalten der Stadt den Zustand der Bewohner widerspiegelt, wodurch die erste Strophe recht trostlos wirkt.

Zu Beginn der zweiten Strophe wendet sich das lyrische Ich einem „dünne[n] Droschkenschimmel" zu, der „[g]riesgrämig glotzt" (2,1), wodurch erneut das Motiv des Starrens aus der ersten Strophe aufkommt. Die beiden Alliterationen betonen die negativen Eindrücke, indem sie den Textfluss leicht ins Stocken bringen. Auch hier klingt das Verfallsmotiv durch und das Pferd wirkt genauso schwach wie die Stadt. Das untätige Nutztier und die Droschke stehen für veraltete Fortbewegungsmittel, die während der Modernisierung und Technisierung überflüssig wurden. Am körperlich verwahrlosten Zustand des Tieres kann man erkennen, dass sich die Menschen nicht mehr darum kümmern, sobald sie keinen Nutzen mehr daraus ziehen können, was für ihre Grausamkeit spricht. Der Schimmel steht zum einen für die Vergangenheit, er könnte jedoch auch die ausgeschlossene Natur symbolisieren oder allgemein alles aus der Gesellschaft Ausgeschlossene darstellen. Expressionisten fühlten sich teilweise selbst nicht als integrierte Mitglieder ihrer Gesellschaft und wendeten sich in ihren Texten häufiger den Außenseitern zu, wie Wahnsinnigen, Selbstmördern und Andersartigen.

Die zweite und dritte Zeile beschreiben „Winde, magre Hunde" (2,2), die „matt" (2,2) rennen und deren Häute an „scharfen Ecken" (2,3) quietschen. Die Winde stehen metaphorisch für die Menschen. Während man den Wind allgemein mit Dynamik und Leben assoziiert, wird er hier durch die Begriffe `matt´ und `mager´ ebenfalls mit Schwäche in Verbindung gebracht, wodurch die Schnelllebigkeit in der Stadt kritisiert werden könnte, weil die Stadtbewohner erschöpft vom gehetzten Stadtleben wirken

und ihm nicht mehr richtig folgen können. Die Städter werden paradox beschrieben: Zunächst vergleicht der Sprecher sie mit Winden und Hunden. In der nächsten Zeile quietschen jedoch ihre Häute und man denkt an Maschinen, wodurch die erst personifizierten Winde verdinglicht werden. Der Sprecher scheint zu kritisieren, dass die Menschen schon wie ihre technischen Erfindungen geworden sind. Die Wendung „scharfe Ecken" (2,3) beschreibt die Stadt erneut negativ.

Während die ersten beiden Strophen den Gegensatz von der Stadt und der Natur verdeutlichen, geht es in den letzten beiden Strophen um das zwischenmenschliche Verhalten der Städter, wodurch man eine inhaltliche Zäsur[37] ausmachen kann. „In einer Straße" (3,1) leidet ein „Irrer", der nach seiner Geliebten sucht. Er zeichnet sich im Gegensatz zu den anderen Menschen, die gefühlskalt ein unbrauchbares Pferd hungern lassen, durch Gefühle aus. Doch genau diese Eigenschaft scheint ihn in dieser leblosen, kalten Stadt zum Irren zu machen, weil die anderen ihn nur voll Spott bestaunen. Gefühle scheinen ihnen völlig fremd zu sein und werden unter dem abwertenden Begriff ˋIrrer´ ausgeschlossen, wodurch dem gefühlvollen Menschen kein Mitleid begegnet, sondern Spott. Die Sehnsucht nach Nähe und Liebe macht diesen Menschen zum Außenseiter der modernen Gesellschaft. Der Irre scheint hier genau die Eigenschaften darzustellen, die in der Großstadt verloren gehen, weshalb er unter der Einsamkeit und Gefühllosigkeit leidet. Das kalte und nutzorientierte Verhalten gegenüber den Tieren spiegelt sich im Umgang mit Außenseitern. Lichtenstein kritisiert die Gesellschaft durch ihr grausames Verhalten und indem er sie abwertend als „Haufen" bezeichnet (3,3). Diese Wendung verdeutlicht, dass sich die Städter zu einem uniformen Stadthaufen fügen, in dem Individualität verloren geht, weil sich durch den Drang nach Uniformität alle der Mehrheit anzupassen haben. Lichtenstein könnte an dieser Stelle das wilhelminische Bürgertum kritisieren, was in mehreren expressionistischen Texten der Fall war. Das deutsche Bürgertum war während des 19. Jahrhunderts nach Vietta zu einer staatskonformen Klasse geworden, die sich mit Unterwürfigkeit am Kaiser und an der Aristokratie orientierte, was auch in anderen zeitgeschichtlichen Strömungen kritisiert wurde[38].

Nach einem flüchtigen Lesen hat man zunächst den Eindruck, dass in der letzten Strophe Kinder „Blindekuh" (4,1) spielen, wobei sie als „kleine Menschen" (4,1) bezeichnet werden, was den Leser aufhorchen lässt. Diese Wendung könnte einerseits dafür stehen, dass sich Kinder in der Großstadt nicht wie Kinder ausleben

---

[37] Inhaltlicher Einschnitt.
[38] Vietta, 1976: 89-90.

können, sondern sich nur wie kleine Erwachsene verhalten dürfen. Nahe liegender scheint jedoch die Annahme, dass sich die Wendung auf die Städter bezieht, was ihre Beschränktheit abwertend betonen würde. Wenn man das Wort Blindekuh wörtlich nimmt, klingt eine weitere Kritik an den Städtern durch, die blind für ihr falsches Verhalten sind und sich statt Einsicht zu zeigen lieber mit Banalitäten beschäftigen. Sie scheinen den Blick für das Wesentliche in der Stadt verloren zu haben.

Das Gedicht klingt mit einem trostlosen Bild aus, was öfter im Expressionismus der Fall war. Der Nachmittag wird mit einem „sanft verweinte[n] Gott" (4,3) verglichen, der auf alles seine „grauen Puderhände" (4,2) legt. Die Menschen haben sich in der Stadt schon so sehr sich selbst entfremdet, dass dem Gott nichts anderes mehr übrig bleibt, als die Stadt in Form des Nachmittags mit seinen grauen Puderhänden abzudecken, die für Wolken oder Industriestaub stehen könnten. Mit dem Gott könnte Lichtenstein wieder am Bild des Heiligen Geists anknüpfen, womit Anfang und Ende aneinander anknüpfen und sich der Kreis schließt. Zugleich wird eine Verbindung zum Irren hergestellt, weil beide den Mangel an Nähe und die Kälte in der Stadt beklagen. Lichtenstein stellt also drei Außenseiter dar: den überflüssig gewordenen Droschkenschimmel, den Irren und den sanften Gott. Alle drei äußern ihr Leid in gesteigerter Form: Der Schimmel durch das grimmige Glotzen, der Irre über sein hoffnungsloses Stöhnen und der sanfte Gott über seine Tränen. Es wird kritisiert, dass die Menschen im Industriezeitalter sich selbst entfremdet haben und es unter ihnen keine Nächstenliebe mehr gibt. Die Einwohner werden äußerst kritisch und düster beschrieben und zeichnen sich durch Grausamkeit, Anonymität, Anpassungszwang und Gefühlskälte aus, worunter Individuen leiden, während sich die konforme Menschenmasse nur um sich selbst kümmert. Darüber hinaus scheinen die Städter derart von ihren neuen technischen Errungenschaften überzeugt zu sein, dass sie mit ihren quietschenden Häuten schon selbst wie Maschinen wirken, worin kritisch der Fortschrittsdrang verdeutlicht werden könnte sowie die Tatsache, dass sie sich zunehmend der Natur entfremdet haben. All das wollen sie verkennen, spielen lieber „Blindekuh" und verschließen damit metaphorisch die Augen vor ihrer falschen Lebensweise. Die Städter sind also wie in *Der Gott der Stadt* verblendet.

Die einzelnen Verse wirken beim erstmaligen Lesen wie eine lose Aneinanderreihung spontaner Sinneseindrücke, lassen sich jedoch bei genauerem Hinschauen formal durch das Reimschema und inhaltlich durch die drei Außenseiterfiguren und die Kritik

an den Städtern verknüpfen. Die gesamte Atmosphäre wirkt bedrückend und hoffnungslos. Alfred Lichtensteins kritisches Stadtbild ist typisch expressionistisch.

3.4 Punkt, Alfred Lichtenstein

Die wüsten Straßen fließen lichterloh
durch den erloschnen Kopf. Und tun mir weh.
Ich fühle deutlich, daß ich bald vergeh -
Dornrosen meines Fleisches, stecht nicht so.

Die Nacht verschimmelt. Giftlaternenschein

Hat, kriechend, sie mit grünem Dreck beschmiert.
Das Herz ist wie ein Sack. Das Blut erfriert.
Die Welt fällt um. Die Augen stürzen ein.

Interpretation

Das Gedicht *Punkt* ist ebenfalls von Alfred Lichtenstein und stammt aus dem Jahr 1913. Der Text entstand in einer für den Autor bewegenden Zeit. Im gleichen Jahr trat er in ein Infanterieregiment in München ein. Er fiel am 25. September 1914 bei Vermandovillers an der Westfront. Thematisch setzt er sich in diesem Gedicht mit zwei wichtigen Themen dieser Zeit auseinander, mit der Großstadt und dem Ichzerfall. Der kritischen Einstellung zur Großstadt und zur Zivilisation entspricht das Gefühl der Ohnmacht, der Verlorenheit und der Ichauflösung des lyrischen Ichs. Vietta definiert den Ich-Zerfall als „Dissoziation des Wahrnehmungssubjekts angesichts einer im modernen Lebensraum ihm begegnenden, nicht mehr integrierbaren Wahrnehmungsfülle." [39] Genau diese Schwäche wird in *Punkt* dargestellt. Teilweise beschreiben expressionistische Gedichte der Ichzerfall auch mit körperlichen Verfallsprozessen, wie zum Beispiel Gottfried Benn, der in *Mann und Frau gehen durch die Krebsbaracke* den Verfall an Krebspatienten darstellt oder in *Schöne Jugend* an einer von Ratten zernagten Wasserleiche, die sich auch in Georg Heyms *Die Tote im Wasser* findet. Der Verfallsvorgang wird in vielfältigen Variationen dargestellt und steht in Verbindung mit Themen wie Krankheit, Selbstmord, Verfall und Verwesung des Ichs, bzw. mit der Ästhetik des Hässlichen. Der Ichzerfall wird

---

[39] Ebd: 69.

einerseits negativ beschrieben wie in Lichtensteins *Punkt*, andererseits wird er beispielsweise in Gottfried Benns *D-Zug* oder in *Kokain* als lustvolle Ich-Entgrenzung erlebt, in der man der Rationalität entgeht.

Das Gedicht besteht aus zwei Strophen mit vier Versen und ist in einem umarmenden Reim im Jambus verfasst. Beide Strophen sind gleich aufgebaut: Die ersten beiden Zeilen zeigen bedrohliche Erscheinungen der Stadt auf, während die letzten beiden Verse die negativen Auswirkungen auf das Ich und den voranschreitenden Ich-Zerfall verdeutlichen. Beide Themen sind also zu gleichen Anteilen präsent. Passenderweise verwendet der Autor jeweils ein Enjambement in der ersten zur zweiten Zeile, was den Lesefluss zum Einstieg flüssiger macht und zur hektischen und bedrohlichen Situation des Stadtlebens passt. In den letzten beiden Zeilen kommen keine Zeilensprünge mehr vor, wodurch der Lesefluss ins Stocken gerät. Dazu kommt, dass Lichtenstein gerade am Ende immer kürzere Sätze verwendet, wodurch er auch formal die Resignation und Hoffnungslosigkeit des lyrischen Ichs verdeutlicht. Lichtensteins bildhafte Sprache steigert die Wirkung des Textes: „Die wüsten Straßen fließen lichterloh" (1,1), „Die Nacht verschimmelt" (2,1), „Giftlaternenschein" (2,1). Im Expressionismus wurde oft die Sprache verfremdet, was sich auch in diesem Gedicht findet, womit Lichtenstein einen grotesken Eindruck schafft (verschimmeln (2,1), erfrieren (2,3)). Während der Autor Erscheinungen der Stadt (Straßen, Laternenschein) und die Nacht belebt, wird das Ich verdinglicht („erloschene[r] Kopf" (1,2), „Das Herz ist wie ein Sack." (2,3)). In dem Text kontrastieren wie so oft im Expressionismus traditionelle lyrische Formen mit neuen expressionistischen Themen.

In der ersten Strophe beschreibt Lichtenstein zunächst metaphorisch wie der Verkehr durch den Kopf des lyrischen Ichs zieht, worunter es leidet. Dabei dreht er das traditionelle Subjekt-Objekt-Verhältnis um, indem der Verkehr das Subjekt ist und das Ich das Objekt. Man könnte den Verkehr auch als Täter und das Ich als Opfer betrachten, die sich antithetisch gegenüber stehen. Der hektische Stadtverkehr wird als „wüst" und „lichterloh" (1,1) bezeichnet, während das Ich einen „erloschene[n] Kopf" (1,2) hat, wodurch der Verkehr lebhaft wirkt und das Ich tot. Das Wort ˋwüstˊ beschreibt die Hektik des Verkehrs und ˋlichterlohˊ bezieht sich vermutlich auf die Lichter der Autos. Durch die Personifizierung wirkt der Straßenverkehr bedrohlich, was durch die Adjektive ˋwüstˊ und ˋlichterlohˊ gestützt wird, die Assoziationen an

Feuer, also an eine Gefahr, zulassen. Der Verkehr könnte allgemein für die Hektik des Stadtlebens stehen, das buchstäblich am lyrischen Ich vorbei zieht. Lichtenstein steigert diesen Eindruck, indem er das Gefühl ausdrückt, dass der Verkehr bzw. das Leben nicht nur am Sprecher vorbeiziehen, sondern durch ihn hindurch ziehen. Der erloschene Kopf verdeutlicht, dass das Ich von den Eindrücken der Großstadt überfordert ist, es kann sich nicht mit der ihn umgebenden Hektik und Schnelllebigkeit identifizieren und steht der personifizierten Stadt hilflos gegenüber.

Der Ich-Zerfall äußert sich in einer ausgeprägten Selbstendfremdung des lyrischen Ichs, eines Stadtbewohners. Der Sprecher wirkt sensibel, verletzlich und labil und stellt im dritten Vers voll Schwermut fest: „Ich fühle deutlich, da[ss] ich bald vergeh – „(1,3). Dieser Satz verdeutlicht das volle Ausmaß des Leids, das ihm der feindlich empfundene Lebensraum verursacht und lässt bereits das tragische Ende des Gedichts erahnen. Im vierten Vers spricht der Sprecher zu sich selbst: „Dornrosen meines Fleisches, stecht nicht so." (1,4), was wie ein schwacher Versuch wirkt, weiteren Schmerz abzuwehren. Die Wahrnehmung von stechenden Dornrosen verdeutlichen, dass das Ich sich psychisch an einem sehr kritischen Punkt befindet, an dem es mögliche Aggressionen gegen sich selbst zu richten scheint, was wohl auf die bedrohliche Wirkung der Stadt zurückzuführen ist. Der Ich-Zerfall schreitet nun durch äußere und innere Einwirkungen und Entwicklungen unaufhaltsam voran.

In der zweiten Strophe beginnt der Sprecher mit der Schilderung der Nacht, die für die Natur steht: Man könnte zunächst davon ausgehen, dass die Nacht vielleicht Trost und Ruhe vom anstrengenden Tag bietet. Im Expressionismus stellt die Natur aber keinen Fluchtort dar und demnach kann die Natur / Nacht keinen Ausgleich zur bedrohlichen Stadt bieten. Da expressionistische Lyrik sehr auf das Ich bezogen ist, wird die Darstellung der Natur oft der Wahrnehmung des Ichs angepasst und zu Projektionen und Ausdrucksweisen des menschlichen Gefühls, wodurch die Landschaft oft bedrohlich personifiziert wird[40]. Demnach ist die Nacht in der industriellen Umgebung der Stadt „verschimmelt" (2,1). Das Wort `verschimmelt´ fällt besonders auf, weil es in einem fremden Zusammenhang verwendet wird. Das Verb löst negative Assoziationen aus, wirkt an dieser Stelle abstoßend und grotesk und personifiziert die Natur. Dieser Zustand scheint jedoch nicht von Dauer zu sein, da die Nacht entsprechend der Situation des Ichs auch einem Verwesungsprozess

---

[40] Vgl. Martini: 36-37 und Große, 1988: 64.

unterworfen ist, wodurch das expressionistische Motiv der Vergänglichkeit durchklingt. Die Nacht verbindet sich durch die Wahrnehmung des Ichs mit der Zivilisation zu einer bedrohlich, abstoßend wahrgenommenen Umwelt.

Der „Giftlaternenschein" (2,1) hat die Nacht „kriechend (...) mit grünem Dreck beschmiert" (2,2). An dieser Stelle wird angegeben, dass die Nacht ihre Schönheit durch den Laternenschein eingebüßt hat. Straßenlaternen waren damals noch recht neuartige Erscheinungen, denen der Sprecher mit Ablehnung begegnet. Die Laterne könnte in dem Fall für die Industrialisierung und die Zivilisation oder einfach für alles Neue allgemein stehen, was oftmals zunächst mit Ablehnung aufgenommen wird. Der Sprecher hat Angst vor Veränderungen und empfindet demnach das künstliche Laternenlicht als giftig und unnatürlich. Das Wort `Gift´ aus dem ersten Vers verbindet sich mit dem Adjektiv `grün´ aus dem zweiten Vers zu der Farbe `Giftgrün´, die negative Assoziationen auslöst. In der Wahrnehmung des lyrischen Sprechers wird nicht nur die Nacht belebt, sondern auch die Laterne, die „kriechend" die Nacht mit Dreck beschmiert. Das Verb `kriechen´ schafft ebenfalls einen bedrohlichen Eindruck.

In den letzten beiden Versen äußert das lyrische Ich in kurzen abgehakten Sätzen seine Gefühle: „Das Herz ist wie ein Sack" (2,1). Mit diesem Satz knüpft der Sprecher wieder an dem Bild des erloschenen Kopfes an, weil das Wort `Sack´ auch mit Leblosigkeit assoziiert wird. Diese Aussage wird im nächsten Satz gesteigert, in dem das Blut „erfriert" (2,1). Statt des Verbs `gefrieren´ verwendet Lichtenstein das Verb `erfrieren´, das man eigentlich nur im Kontext mit Menschen benutzt. Damit steht das Blut metonymisch für den ganzen Menschen. Das Bild der Erfrierung verdeutlicht die innere Resignation oder sogar einen innerlich erlebten Tod. Im vierten Vers fällt die Welt um und die Augen stürzen ein. Lichtenstein kehrt hier erneut das traditionelle Subjekt-Objekt-Verhältnis um, indem anstelle des Menschen die Welt umfällt. Der Autor verfremdet mehrfach die Sprache, um die Aussage zu steigern, was ihm durch die Verwendung der Wörter `erfrieren´, `umfallen´ und `einstürzen´ gelingt. Die Wendung `die Augen stürzen ein´ soll wohl für `die Augen schließen sich´ stehen. Zum Abschluss erfährt der Sprecher seine persönliche Apokalypse in einem grotesken Bild, was ausdrucksstark geschildert wird durch die kurzen Sätze, den stockenden Lesefluss und besonders durch die ungewöhnliche Sprachverwendung.

Das traditionelle Subjekt-Objekt-Verhältnis ist im ganzen Text umgekehrt, denn das Ich ist kein Subjekt, das die Welt autonom wahrnimmt, sondern Objekt, durch dessen Kopf die Welt fließt. Die Welt und das Ich haben also die Positionen getauscht. Die Grammatik ist dieser Umkehrung stimmig angepasst[41]. Das Ich ist wie in *Der Gott der Stadt* und in *Städter* ein Opfer seiner eigenen Erfindung: Das Stadtleben erscheint als übermächtige, autonome und bedrohliche Welt, an der das Ich scheitert. Es kommt nicht mehr zurecht mit der Schnelligkeit und Hektik des städtischen Lebens und hat Angst vor Veränderungen, was sich in der Aversion vor der Straßenlaterne zeigt. Die zerstörerische Wirkung der Stadt führt beim Ich zu Depressionen, es nimmt alles um sich herum als Bedrohung wahr, wodurch der Ich-Zerfall in einem nicht mehr aufhaltbaren Auflösungs- und Verfallsprozess unaufhaltsam voranschreitet. Am Ende erlebt das Ich den kompletten Ich-Zerfall, was in mehreren Bildern ausdrucksstark geschildert wird: „Das Herz ist wie ein Sack. Das Blut erfriert. Die Welt fällt um. Die Augen stürzen ein." (2,3-4). Mit dem Vergehen des Subjekts stürzt auch die wahrgenommene Welt zusammen. Es bleibt offen, ob die Welt im übertragenen Sinn zusammenfällt, weil das Ich einen psychischen Zusammenbruch erleidet oder ob das Ich Selbstmord begeht. Man könnte den Zusammensturz der Welt auch als eine allgemeine Apokalypse verstehen, wie in den Gedichten *Weltende* von Jakob van Hoddis und in *Der Gott der Stadt*. Demnach würde das Ich exemplarisch für alle ichzerfallenden Menschen in einer feindlichen Umgebung stehen. Wichtiger als eine festgelegte Aussage scheint Lichtenstein die Darstellung des Auflösungsprozesses des Ichs gewesen zu sein und die Verdeutlichung des Gefühls, es in dieser Welt nicht mehr auszuhalten. Lichtenstein kritisiert wie Georg Heym, Alfred Wolfenstein und andere Expressionisten das hektische Großstadtleben und die Zivilisation, indem er deren negative Folgen für den Menschen beschreibt.

Man könnte die Überschrift so deuten, dass sich die Welt und das Subjekt zum Punkt verflüchtigen[42]. Das Wort `Punkt´ ist ein Satzschlusszeichen und steht immer am (Wort-)Ende. Nimmt man diese Funktion wörtlich, könnte der Titel eine Metapher für das Ende des Ichs sein: Nach dessen Verfall bleibt nur noch der Punkt.

---

[41] Vgl. Große, 1988: 67.
[42] Vgl. ebd: 67.

4 Abschlussbetrachtungen

Nachdem zunächst auf das zentrale expressionistische Thema der Großstadt eingegangen wurde, kann man abschließend festhalten, dass alle vier besprochenen Texte viele typischen Elemente des Motivs enthalten.

Sie wenden sich der Atmosphäre in der Stadt zu und entwerfen alle ein negatives, düsteres und bedrohliches Stadtbild, wodurch die Industrialisierung, neue Erfindungen, die Wahrnehmungsfülle und Menschenmassen in den Städten kritisiert werden. Sie sind auch durch die typisch expressionistische Hoffnungslosigkeit geprägt.

Wolfenstein betont in *Städter* die Enge, den Verlust der Privatsphäre und die negativen Auswirkungen auf den Stadtmenschen, der massiv unter der Einsamkeit leidet. Georg Heym legt den Schwerpunkt in *Der Gott der Stadt* auf die Betonung der Menschenmassen und kritisiert ihre Verblendung und Entfremdung auf eine recht ausgefallene Weise in einer grotesken, expressionistischen Untergangsvision, die unaufhaltsam erscheint. Auch die Städter in Lichtensteins *Die Stadt* scheinen verblendet und entfremdet zu sein und wenden sich kalt gegen alles Andersartige. In *Punkt* verbindet der Autor das Motiv mit dem Themenkomplex des Ichzerfalls und beschreibt die verderblichen Auswirkungen der Stadt sehr eindringlich.

Die Stadt wird in anderen expressionistischen Gedichten ähnlich kritisch dargestellt. Heym betont in *Die Stadt* auch die Ausdehnung der Stadt und die Menschenmassen. In seinen Gedichten *Der Krieg*, *Umbra Vitae* und *Die Tote im Wasser*, aber auch in Jakob van Hoddis´ *Weltende* spielt sich die Katastrophe natürlich in einer Stadt ab.

5 Literatur

Bekes, Peter (2002): *Gedichte des Expressionismus – Arbeitstexte für den Unterricht*. Stuttgart: Philippp Reclam jun.

Bogner, Ralf Georg (2005): *Einführung in die Literatur des Expressionismus*. Darmstadt: Wissenschaftliche Buchgesellschaft.

Große, Wilhelm (1988): *Interpretationen zur Expressionistischen Lyrik*. Hollfeld : Bange, Königs Erläuterungen und Materialien.

Große, Wilhelm (2007): *Literaturwissen Expressionismus*. Stuttgart: Philippp Reclam jun.

Martini, Fritz (1948): *Was war Expressionismus? Deutung und Auswahl seiner Lyrik*. Urach: Port Verlag.

Meurer, Reinhard (1988): *Gedichte des Expressionismus*: München : Oldenbourg.

Rölleke, Heinz (1988): *Die Stadt bei Stadler, Heym und Trakl*. Berlin : Erich Schmidt.

Rothe, Wolfgang (1977): *Der Expressionismus : theologische, soziologische und anthropologische Aspekte einer Literatur*. Frankfurt am Main : Klostermann.

Schneider, Karl Ludwig (1967): *Zerbrochene Formen : Wort und Bild im Expressionismus*. Hamburg: Hoffmann und Campe.

Vietta, Silvio (Hrsg.) (1976): *Lyrik des Expressionismus*. München : Deutscher Taschenbuch-Verlag.